中华爱国人物故事

ZHONGHUA AIGUO RENWU GUSHI

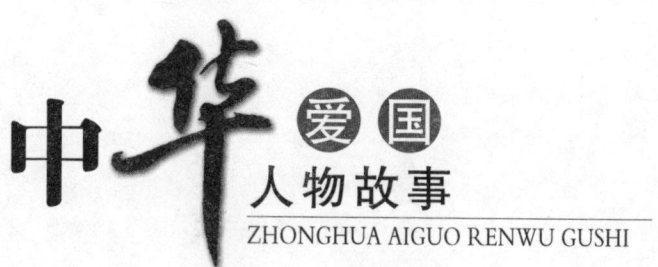

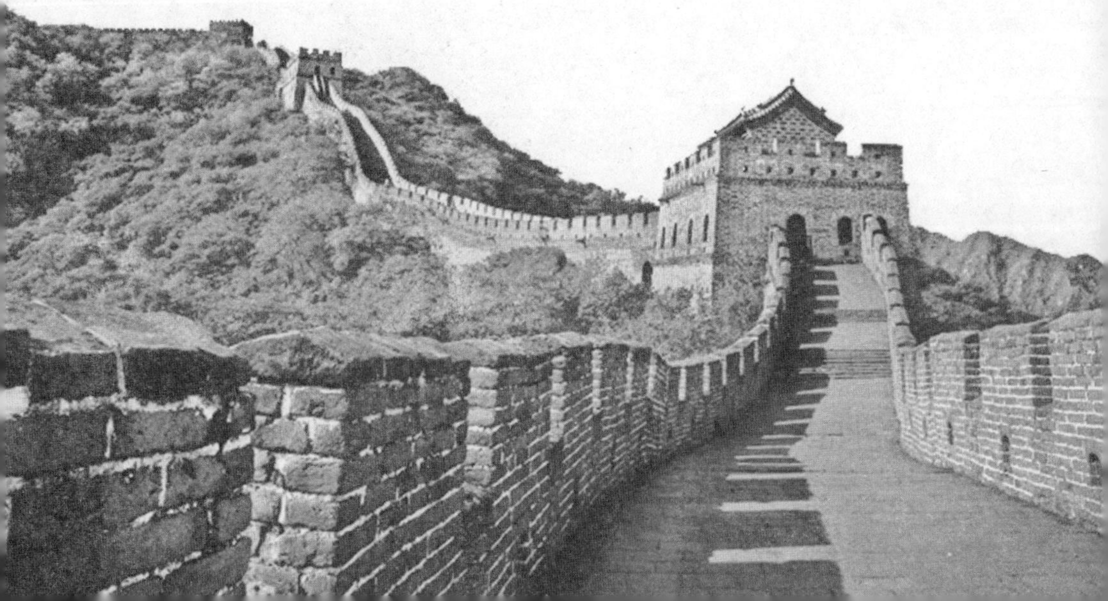

为国争气的铁人王进喜

赵秋实　编著

吉林人民出版社

图书在版编目(CIP)数据

为国争气的铁人王进喜 / 赵秋实编著. -- 长春：吉林人民出版社, 2011.5
(中华爱国人物故事)
ISBN 978-7-206-07823-1

Ⅰ.①为… Ⅱ.①赵… Ⅲ.①王进喜(1923~1970)-生平事迹 Ⅳ.①K828.1

中国版本图书馆CIP数据核字(2011)第075848号

为国争气的铁人王进喜
WEIGUO ZHENGQI DE TIEREN WANG JINXI

编　　著：赵秋实
责任编辑：王一莉　赵　磊　　　封面设计：七　洱
吉林人民出版社出版 发行(长春市人民大街7548号　邮政编码:130022)
印　　刷：鸿鹄(唐山)印务有限公司
开　　本：670mm×950mm　　1/16
印　　张：8　　　　　　　　　字　　数：70千字
标准书号：ISBN 978-7-206-07823-1
版　　次：2011年5月第1版　　　印　　次：2023年6月第4次印刷
定　　价：35.00元

如发现印装质量问题，影响阅读，请与出版社联系调换。

总　序

胡维革

《中华爱国人物故事》是一套故事丛书。它汇集了我国历史上80位古圣先贤、民族英雄、志士仁人、革命领袖、先进模范人物的生动感人史迹，表现了作为中华民族优秀传统的伟大的爱国主义精神。

爱国主义是人们对于"生于斯、长于斯、衣食于斯"的祖国的一种神圣感情，是人们对于自己民族的一种强烈的责任感和使命感，是感召和激励整个中华民族的一面永不褪色的旗帜。在漫长的历史上，爱国主义一直激励着中华儿女为祖国的独立、统一、进步和繁荣而英勇奋斗。从伟大的思想家教育家孔子到统一全国的千古一帝秦始皇，从秉笔直书著《史记》的司马

◆ 中华爱国人物故事

迁到鞠躬尽瘁死而后已的诸葛亮,从伟大的浪漫主义诗人李白到精忠报国的民族英雄岳飞,从七下西洋传播友谊的郑和到抗击倭寇的民族英雄戚继光,从苟利国家生死以的林则徐到为变法流血的第一人谭嗣同,从威震敌胆的抗联将军杨靖宇到人民音乐家聂耳与冼星海,从踏遍青山人未老的李四光到万婴之母林巧稚,从县委书记的好榜样焦裕禄到情系雪域献身高原的孔繁森……都表现出了强烈的爱国主义精神。正是由于热爱祖国的人们前仆后继地奋斗,国家和民族才得以生存,历经一次次历史危急关头而能转危为安,走向兴盛和富强,从而屹立于世界民族之林。爱国主义是鼓舞中华儿女历经忧患、跨越沧桑、百折不挠、自强不息的伟大力量,它贯穿于中华民族的整个历史,并有力

总序

地凝聚着五洲四海的中国人。

爱国主义是一个历史的范畴,在社会发展的不同阶段、不同时期有着不同的具体内容。革命时期,需要我们为祖国的独立自主出生入死;建设时期,需要我们为祖国的繁荣富强增砖添瓦;在全国各族人民团结一心建设富强、民主、文明、和谐的社会主义现代化国家的今天,我们要争做一名新时期的爱国者。新时期的爱国者要有强烈的民族自尊心和自豪感。民族自尊心和自豪感是任何时期任何爱国者都必须具备的情感。民族自尊心能增强我们自立向上的恒心,民族自豪感能树立我们建设祖国的信心。要树立"祖国高于一切"的崇高信念,为了祖国和人民的利益不惜抛却个人的利益,甚至不惜牺牲个人的生命。要树立终身学习的理念,拓

◆ 中华爱国人物故事

宽自己的知识面,广泛吸收新知识新技术,完善自身的知识结构,更新学习知识的方法与理念,从思想上、知识上充分武装自己,为祖国的繁荣昌盛贡献力量。

　　爱国主义思想的继承和发扬,是关系到民族盛衰、国家兴亡的根本问题。一代代人爱国主义思想情操的形成,需要不断地培养。培养爱国主义的一个重要途径是向爱国主义的英雄人物和典范事迹学习。这套丛书的出版,对于人们向英雄和先进人物学习,特别是对于在中小学生中进行爱国主义教育,将可提供一些生动的教材。祝愿此书出版发行成功,为培养"四有"新人做出贡献。

于 2011 年 4 月 23 日
世界读书日

编委会

策　划：胡维革　吴铁光
　　　　林　巍　李达豪
主　编：胡维革　邢万生
副主编：贾淑文　吴兰萍
编　委：(按姓氏笔画为序)
　　　　于二辉　门雄甲
　　　　刘士琳　刘文辉
　　　　孙建军　李相梅
　　　　李艳萍　杨九屹
　　　　谷艳秋　陈亚南
　　　　隋　军　韩志国

目录
CONTENTS

◎ 012　铁人——王进喜

◎ 016　命运多舛的王进喜

◎ 042　干劲十足的王进喜

◎ 052　总理肯定王进喜

目录。
CONTENTS

王进喜与大庆油田　066 ◎

鲜为人知的"工程师"王进喜　092 ◎

铁人精神故乡传　105 ◎

铁人——王进喜

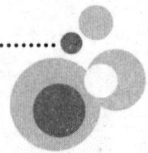

王进喜，是新中国第一批石油钻探工人，全国著名的劳动模范。

1923年10月8日出生于甘肃省玉门县赤金堡一个贫苦农民家庭。

1950年春，他成为新中国第一代钻井工人，先后任司钻、队长等职。

1956年4月加入中国共产党。

1958年9月，他带领钻井队创造了当时月钻井进尺的全国最高纪录，荣获"钢铁钻井队"称号。

1959年，王进喜被评为"全国劳动模范"，光荣出席了全国工交群英会。群英会期间，他参观首都"十大建筑"，路过沙滩时，看到行驶的公共汽车上背着"煤气包"，才知道国家缺油，他感到一种莫大的耻辱，这位坚强的西北汉子，蹲在北大红楼附近的街头哭了起来。从此，这个"煤气包"成为他为国家分忧、为民族争气的思想动力之源。

1960年3月，王进喜率队从玉门到大庆参加石油大会战，组织全队职工用"人拉肩扛"的方法搬运和安装钻机；用"盆端桶提"的办法运水保开钻。

在随后的10个月里，王进喜率领1205钻井队和1202钻井队，在极端困苦的情况下，克服重重困难，双双达到了年进尺10万米的奇迹。王进喜不要命的在前线工作，房东赵大娘心疼地说："王队长，你可真是铁人啊！"铁人的名字就是这样传开的。

在大庆油田工作的10年中，王进喜为我国石油事业立下了汗马功劳，王进喜身上体现出来的"铁人精神"，激励了一代又一代的石油工人。

中华爱国人物故事
ZHONGHUA AIGUO RENWU GUSHI

为国争气的铁人王进喜
WEIGUO ZHENGQI DETIEREN WANG JINXI

命运多舛的王进喜

40岁得子的王金堂，看到出生的是一个男孩子，心里非常高兴。按照当地的习俗，父母把孩子和包孩子用的筛子放在秤上一称整十斤，于是就给孩子起名"十斤娃"。"十斤娃"名字听起来非常雄壮，可身材瘦小。"十斤娃"长大后，按照王家的家谱往下排，起名王进喜，希望他欢欢喜喜去上学，学到本领后重整家业。

在灾难深重的旧中国，王进喜受尽苦难，1929年，玉门遭受了百年不遇的灾荒，为了活命，6岁的王进喜用一根棍子领着双目失明的父亲沿街乞讨。1932年，军阀马步芳要建羊毛厂，王金堂被强迫出劳役。9岁的王进喜让父亲坐在牛车上，赶车把羊毛送到百里之外的酒泉。为了挣钱给父亲治病，10岁的王进喜和几个穷孩子一起到虎狼出没、气候变化无常的妖魔山给地主放牛。王家有几亩地被区长以借为名长期霸占。12岁的王进喜不畏强权，前去讨要，虽然只要回了几丈白土布，却是王进喜与恶势力抗争的一次胜利。14岁时，为了躲兵役，王进喜淘过金、挖过油。1938年，15岁的王进喜进旧玉门油矿当童工，年龄虽小，却干着和大人一样的重活，还经常挨工头的打骂，但他不甘屈辱，奋起反抗。王进喜常因反抗而受惩罚，师傅知道后，给他讲骆驼"攒劲"的故事，告诉他要讲究斗争方法，培养"耐力"。王进喜心中充满了对自由生活的向往，正是这苦难的经历和恶劣的生存环境，练就了他刚毅坚韧、倔强不屈的性格。

王进喜苦难童年雕塑

赤诚报国

1949年9月25日,玉门解放。1950年春,王进喜通过考试成为新中国第一代钻井工人。从1950年春招工到1953年秋,王进喜一直在老君庙钻探大队当钻工,他勤快、能吃苦,各种杂活抢着干。他说:"党把我们当主人,主人不能像长工那样磨磨蹭蹭、被动地干活。"艰苦的钻井生产实践,锻炼了他坚韧不拔的品格和大公无私的先进思想。1956年4月29日,王进喜光荣加入中国共产党,这是他人生旅途的一个里程碑。入党不久,王进喜担任了贝乌5队队长,带领贝乌5队在石油工业部组织的以"优质快速钻井"为中心的劳动竞赛中,提出了"月上千,年上万,祁连山上立标杆"的口号,创出了月

进尺5009.3米的全国钻井最高纪录。10月，王进喜参加石油工业部召开的现场会，余秋里部长、康世恩副部长把一面"钻井卫星"红旗颁发给他，王进喜被誉为"钻井闯将"。

　　玉门油田经过3年恢复和调整，职工们决心要在第一个五年计划期内，把玉门建设成为我国第一个石油工业基地。王进喜奉命到1205钻井队工作，而这个队因为事故多，进尺上不去，建队三年，榜上无名，是钻井公司有名的后进队。起初，他担任班长，对大家说："全公司几十个钻井队，同样的设备同样的人，我们不缺胳膊不少腿，别人能办到的我们也一定要办到！"全班工人深受鼓舞，齐心合力，克服困难，消灭了事故。年终评比，王进喜领导的这个班，钻井进尺名列全队之首，受到大队表扬。他认为，一个班搞好了，进尺很有限，全队搞好了，才能多打井多出油。

　　苦战了一年，多快好省地打了十余口油井，钻井进

尺第一次跃过万米大关，超额完成了全年任务，跨入了先进钻井队的行列，受到钻井公司的中央慰问团的表彰。红旗插在1205钻井队的井架上，个别同志沾沾自喜，王进喜告诫大家说："改变井队的落后面貌，是建设先进井队的第一步。"为了建设一支能征善战、顽强拼搏，特别是能战斗的井队，给国家多打油井，他把建队育人的思想政治工作放在首位，带出了一支思想、作风、技术过硬的队伍。1957年3月，公司领导决定在西山重钻319井。319井的井位处于玉门的高压区域，1956年该井在钻进过程中发生强烈井喷，造成机毁人伤，如虎口拔牙，

钢铁1205钻井队

工作稍有闪失，便会重蹈覆辙。在这关键时刻，王进喜想的不是他这个队的红旗和荣誉，而是国家需要石油，要为国家多做贡献。他决心把队伍拉上去，啃掉这块硬骨头，他和队党支部书记孙永臣动员全队职工，树立必胜信心，发动群众献计献策，制定了切实可靠的技术措施和战斗部署。开钻后，钻工们看到局党委书记、局长都能密切联系群众，为了一个目标与工人同甘共苦，受到极大鼓舞，决心打好这一场硬战。王进喜更是废寝忘食，日夜坚守在井场上，哪里艰苦他去哪里，哪里危险他第一个冲上去，和全体同志苦战了35天，安全地钻完了这口油井，为油田取得了宝贵的井下技术资料。

百里油区树标杆

1957年，我国第一个石油工业基地在玉门建成后，国家对玉门油田的要求更高了，钻井工人肩上的担子更重了。这年7月，1205钻井队奉命开赴白杨河探区开发新油田。

白杨河探区地质情况不同于其他地区，而且水源不足，生活和生产用水全靠罐车从几十里外拉运。1205钻井队钻第一口油井，就碰到不少技术难题，钻井进尺落在贝乌四队后面。王进喜主动上门取经，根据贝乌四队的经验，他们在钻头穿透砾石层后，停止泥浆循环，改进清水钻进。在水源不足的情况下，王进喜提出："宁可人流千滴汗，不让转盘停一转！"

1958年8月，石油部决定在新疆克拉玛依油田召开现场会议，加速全国石油工业发展的步伐，玉门市委及石油管理局号召全体职工用最好的成绩向现场会献礼，提出"钻透祁连山，战胜戈壁滩，快马加鞭进军吐鲁番，玉门关上立标杆"的口号。市、局领导来到1205钻井队井场，检查工作后问王进喜："新疆的张云清钻井队干得很凶，你们要是一个月能拿下5000米尺井，就能把标杆立在玉门关上，有困难吗？"按当时的设备和技术条件，月平均进尺在2000米至3000米之间，拿下5000米进尺，有一定的困难。王进喜说："请领导放心，有条件要上，没有条件创造条件也要上！"当时因起重装载设备不足，一部中型钻机搬一次家，拆卸、搬运、安装最快也要三

五天。时间就是进尺,王进喜经过缜密考虑和研究,在起重和装载条件都不具备快速搬迁的情况下,决定用10台推土机作牵引力,进行钻机整体搬迁。公司领导批准后,他们实现了当天搬机当天开钻的计划,为月上5000米赢得了时间,增强了信心。

9月19日,1205钻井队顺利地钻完第三口油井,进尺还不到4000米,而新疆张云清钻井队进尺已接近4000米了,形势喜人又逼人。21日,1205钻井队完成第三口油井固井的最后一道工序后,天已经黑了,全队职工不顾疲劳,决定连夜把钻机搬到新井位去。钻机整体搬迁安装,白天进行都有很大困难,晚上进行难度更大。然而,1205钻井队的工人在王进喜的指挥下,硬是连夜把

王进喜和工人一起干活

钻机安全地搬到了新井位。22日清晨5时,第4口油井又顺利开钻了。钻井过程中,石油部部长余秋里、市委书记刘长亮、局长焦力人及公司领导都亲临现场办公,解决具体问题。9月30日,进尺差20米就达到奋斗目标了。王进喜走上钻井平台,亲自打完最后一根单根,进尺达到5009.74米,时间离24时还有20几分钟,超额完成了任务。为此,《人民日报》刊发了新华社发布的消息:"玉门王进喜钻井队9月份以来创世界少有的纪录。"

新疆现场会于10月6日召开,经过评比,1205钻井队一举夺冠。王进喜捧回"钢铁钻井队"锦旗一面,实现了"玉门关上立标杆"的誓言。1205钻井队全体职工

在王进喜的带领下，用心血、汗水和智慧，在玉门油田和我国石油史上，书写了辉煌的一页！

头戴铝盔走天涯

1959年10月，王进喜要去北京参加全国群英会，1205钻井队的职工心情十分激动。他们没有忘记，1956年井队在三角湾时，发生井喷，油气弥漫中，是队长王进喜第一个冲上钻台，带领大家及时控制了井喷；他们没有忘记，井队在西区钻井时，因砂供不应求，眼看就要停工停产了，是队长王进喜带领大家积极修复旧钻头，保证了生产的正常进行；他们没有忘记，1958年井队在干油泉钻井时，由于运输车辆困难，是队长王进喜带领大家翻山越岭，顶风冒雪，徒步上下班，坚持生产。

出发前一天，王进喜还在井场忙碌，市、局领导派车把他从井队接回市区。局长帮他脱掉身上那套四季不

离身的油迹斑斑的工作服，并吩咐秘书领着王进喜去理发洗澡，然后又派车送他回赤金老家与亲人告别。老母亲听说儿子去北京开会，禁不住热泪盈眶，千叮咛、万嘱咐："向毛主席问好！"妻子王兰英特意为丈夫赶制了一套中山装。

女儿月珍说："爸爸穿上新衣服，一下年轻了10岁！"在她的记忆里，父亲一年难得回来几次，每次回家总是穿着一套油衣裳。有一次奶奶病了，爸爸下班后连夜赶回家中，把药放下又连夜赶回井队，穿的也是一套油衣裳。王进喜把女儿拉入怀中说："要不是去见毛主席，我还舍不得脱掉油衣裳哩！"

1960年2月，东北松辽石油大会战打响。"玉门闯将"王进喜带着玉门人的厚望与祝福，与数千名玉门石油工人告别了家乡的父老兄弟，日夜兼程奔赴萨尔图车站，下了火车就直奔前线，他一不问吃、二不问住，先问钻机到了没有、井位在哪里、这里的钻井纪录是多少？在前线，面对极端困难和恶劣环境，会战领导小组作出了学习毛主席《实践论》和《矛盾论》的决定。王进喜组织1205队职工认真学习"两论",通过学习,王进喜认识到:"这困难、那困难,国家缺油是最大困难;这矛盾、那矛盾,国家建设等油用是最主要矛盾。"

铁人——"铁"的成绩

1960年春,王进喜刚下火车,由于设备和钻机未到,他就率领井队工人在火车站义务卸车,钻机到后,由于缺乏起重设备,他就组织大家把五六十吨重的钻机卸下火车,运到井场,在平地挖一簸箕形的槽,建造了一座土卸车台,将钻机卸下汽车,架起钻机。从安装钻机到第一口井完钻,他一连7天7夜都没有离开会战现场,困

电影《王进喜》剧照

了就倒在成排的钻杆上打个盹儿，饿了就吃几口随身带的凉馍，渴了就喝几口凉水。那年5月1日，王进喜指挥工人放倒井架，准备打第二口井时，脚被钻杆砸伤，疼得晕了过去，第二口井钻到700米深时，突然出现井喷的先兆，当时井场未准备压井的重晶石和搅拌器。为了防止井喷，王进喜在没有搅拌设备的情况下，第一个跳进泥浆池，用身体搅拌泥浆，一直坚持了两个多小时，井喷避免了，他全身却被烧碱烧起了大泡。

1960年，"五一"万人誓师大会上，王进喜成为大会战树立的第一个典型，成为大会战的一面旗帜。号召一

出，群情振奋，战区迅速掀起了"学铁人、做铁人，为会战立功"的热潮。

1960年6月1日，大庆油田首车原油外运。

1960年7月1日，会战指挥部召开庆祝建党39周年和大会战第一战役总结大会，突出表彰了王进喜、马德仁、段兴枝、薛国邦、朱洪昌，他们被树为大会战的"五面红旗"。一个铁人前面走，千百个铁人跟上来，大会战出现了"前浪滚滚后浪涌，一旗高举万旗红"的喜人局面！这一年，王进喜带领1205钻井队连续创出了月"四开四完""五开五完"的好成绩，到年底，共打井19口，完成进尺21258米，接连创造了6项高纪录，轰轰烈烈的石油大会战很快取得了显著成果。

1960年底，大庆油田生产原油97万吨。

王进喜由一名普通工人成长为一名无产阶级的先锋战士，高度的思想觉悟来源于党的培养教育。他曾说："共产党把我救出火坑，我要为共产主义奋斗终生！"解放初期，我国的石油工业尚不发达，社会主义经济建设面临种种困难，王进喜和全国石油工人一起，头顶青天，脚踩荒原，以革命大无畏精神，打了一个又一个的漂亮仗，使一个"贫油之国"成为当今世界石油大国之一。

王进喜以自力更生、艰苦创业的铁人精神创造了一个个奇迹，只要他在，井打到哪里，新的纪录就跟到哪

里。在他的亲自带领下,1205钻井队和1202钻井队双双突破年进尺10万米大关,超过了苏联"功勋"钻井队和美国"王牌"钻井队。

科学求实

王进喜是吃苦耐劳的实干家,也是科学求实的典范。在科技领域,他以"识字搬山"的意志克服意想不到的困难,刻苦学习,带领工人们以创造性的劳动,创出一个又一个优异的成绩。1961年2月,王进喜被任命为钻井指挥部生产二大队大队长,负责管理分布在大荒原上的12个钻井队。他经常身背干粮袋,骑着摩托车或步

行，深入到各井场，调查研究、检查工作，帮助基层解决各种实际问题。当了大队长后，他深感没文化开展工作困难，于是拜机关干部为师，抓紧一切机会学文化。他说："我认识一个字，就像搬掉一座山，我要翻山越岭去见毛主席。"经过两年多的时间，铁人已经可以独立地看报、读文件、学"毛选"，甚至可以列出简单的发言提纲了。

　　王进喜学习技术知识始终坚持学以致用，他说："干，才是马列主义；不干，半点马列主义也没有！"他带领工人们不断地从实际需要出发搞技术革新，为提高钻井速度，他和工人改革游动滑车；为打好高压易喷井，他带领工人研究改进泥浆泵；为提高钻井质量，他和科

中华爱国人物故事
ZHONGHUA AIGUO RENWU GUSHI

技人员一起研制成功控制井斜的"填满式钻井法",他还在多年的钻井工作中摸索出一套高超的"钻井绝技"——能根据井下声音判断钻头磨损情况。他对待工作严细认真,一丝不苟,经常和工人强调:"干工作要为油田负责一辈子,要经得起子孙万代的检查。"1961年春,部分井队为了追求速度,产生了忽视质量的苗头,连铁人带过的1205队也打斜了一口井。为了扭转这种情况,4月19日,油田召开千人大会,对钻井质量问题提出严肃批评,这个日子被人们称为"难忘的四·一九"。事后,已担任大队长的王进喜带头背水泥,把超过规定斜度的井填掉了。他说:"我们要让后人知道,我们填掉的不光是一口井,还填掉了低水平、老毛病和坏作风。"

为国争气的铁人王进喜
WEIGUO ZHENGQI DETIEREN WANG JINXI

无悔奉献

铁人王进喜从普通工人成长为领导干部,但他功高不自傲,始终保持谦虚谨慎的作风,对工人和家属关怀备至,一辈子甘当党和人民的"老黄牛"。他说:"我从小放过牛,知道牛的脾气,牛出力最大,享受最少,我要老老实实地为党和人民当一辈子老黄牛。"

1964年年底,他当选第三届全国人大代表,出席大会并代表工人做了《用革命精神建好油田》的发言,受到与会代表的热烈欢迎。从北京回来后,他依然保持谦虚谨慎的态度说:"我是个普通工人,没啥本事,就是为

王进喜一心扑在工作上,难得与家人在一起,这是1970年7月,夫人王兰英及长子王月平、小女儿王月琴来北京看望住院治疗的王进喜时的合影,也是他一生中唯一一次和爱人、孩子上街游玩。

国家打了几口井，一切成绩和荣誉，都是党和人民的，我自己的小本本上只能记差距。"他一边参加劳动一边听取群众意见，解决工人的实际问题，成为大家的知心朋友。他看到天冷时工服不保暖，工人挨冻，就到缝补厂建议把棉工裤后腰加高加厚，给工人做皮背心和皮护膝；钻井生产、生活，特别是住房、吃粮面临困难时，他利用工余时间带领职工和家属开荒种地、烧砖、割苇、盖"干打垒"住房，让工人和家属吃饱肚子去会战，回来有个窝；大队驻地离市镇比较远，工人和家属买粮、邮信、看病都不方便，他又带领职工家属想方设法办起了商店、粮店、邮局、豆腐坊、卫生所等，建起了设施比较齐全的生活基地；钻工子女没处上学，整天在荒原上玩耍，他带领人们在大队机关附近支起一顶帐篷，建起了大队

级第一所小学——帐篷小学。后来，人们为了纪念王进喜，把这所小学命名为"铁人小学"；他到阿尔巴尼亚访问期间，还惦记着钻工们的困难，利用补助的一点外汇特意买了两个"热得快"，带回来给职工烧开水、熬中药；钻工陈国安病了，在大庆治不好，他利用开会机会把他送到省城医院治疗；生产骨干张启刚因工牺牲后，他和1205队的职工经常给他的老母亲寄钱和粮票，一直供养到老。

铁人王进喜对自己和家人要求非常严格。铁人家是个大家庭，全家10口人，弟妹子女还要上学。为了维持全家生计，王进喜叫老母亲管账，精打细算过日子。会战工委和各级党组织都想尽办法对困难职工给予补助，像王进喜这样的情况可以享受每月30元的"长期补助"，

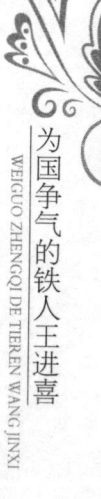

但王进喜自己从来不花，他把这些钱都补助给困难职工了；大队派人给他家送去猪肉和面粉，他都一律拒收；工人们想把他家铺炕用的苇草换成席子，他老母亲也不让；铁人患有严重的关节炎，上级为照顾他，给他配了一台威力斯吉普车，王进喜自己很少坐，都用它来给井队送料、送粮、送菜，拉职工看病，完全成了公用车，可老母亲病了，却是铁人的大儿子用自行车推着去卫生所；与他的爱人同期来油田的家属多数已转成正式职工，而他的爱人却一直是家属，在队里烧锅炉、喂猪。他为我们树立了廉洁奉公、无私奉献的公仆形象。

中华爱国人物故事
ZHONGHUA AIGUO RENWU GUSHI

为国争气的铁人王进喜
WEIGUO ZHENGQI DE TIEREN WANG JINXI

干劲十足的王进喜

"他恨不得一榔头砸出个油田来,铁人是我最好的战友,我比他小3岁,如果他还健在,应该是76岁了。"走进当年同铁人共称为大庆会战"五面红旗"的马德仁的家,这位年逾古稀、满头白发的老人,回忆创业时的峥嵘岁月,感慨万千。

他讲道:"在玉门时,我同王进喜在一个井队,他是司钻,我是副司钻。参加大庆会战后,我们两个人分别担任了1205、1202钻井队的队长。就在两个队互不相让地扛红旗、争第一的竞赛中,创造了一个个全国乃至世界的钻井纪录。"

王进喜是新中国第一代石油工人。王进喜后来说:"北京汽车上的煤气包,把我压醒了,我真真切切地感到国家的压力、民族的压力,呼地一下子都落到了自己肩上。"

周正荣、丁国堂、戴祝文、马万福是当年石油大会战中1205队的4个司钻，人称铁人手下"四大闯将"。现在他们都退休了，我们有幸找到了周正荣、丁国堂两位老人。

周正荣老人回忆道："刚来大庆的第一天晚上，我们三四个人就是在一间四壁透风的破马棚里，背靠背度过的。"

这些与铁人并肩战斗过的"老会战"，追忆铁人的音容笑貌和英雄业绩时，禁不住泪湿衣襟。周正荣、丁国

学习王进喜，比干劲现场会。

中华爱国人物故事
ZHONGHUA AIGUO RENWU GUSHI

堂老人说:"多少年过去了,但铁人的印象却始终是那样深刻、清晰,仿佛他还在我们中间。"

"井无压力不出油,我们搞石油会战,就要给自己加压",王进喜经常这样说。丁国堂老人提到他印象中最深刻的一件事:1960年5月,打会战第二口井时,王进喜被砸伤的腿肿得很厉害,他两次从医院跑回井队,拄着拐坚持工作,一天,突然出现井喷,当时没有压井用的重晶粉,王进喜当即决定用水泥代替。成袋的水泥倒入泥浆池搅拌不开,王进喜就甩掉拐杖,大喊一声"跳",便跃进齐腰深的泥浆池中,戴祝文、丁国堂七八个人也跟着跳了进去,奋战了3个多小时,终于制服了井喷,王进喜却累得起不来了。

丁国堂说，有一次打试验井，王进喜废寝忘食连轴转，刚端起饭碗便靠在钻杆边打起盹儿来。大家劝他多保重身体，他却说："我早就豁出去了，只要上午拿下个大油田，哪怕下午倒在钻台上也痛快，也值得！"

在钻井三公司，铁人当年的大徒弟王作富给我们讲起了那个刻骨铭心的"四·一九"事故。那是1961年，1205队打了一口不合格井，斜8度，铁人和队友们含着泪填死了这口井。有人难过地说："标杆队的队史上还没有这么一笔。"铁人说："没有这一笔，队史就是假的，这一笔，不仅要记录在队史上，还要刻在每个人的心里。"

铁人为发展祖国的石油事业日夜操劳，终致身心交瘁，英年早逝，年仅47岁。

现任1205队队长盛文革说，虽然45名队员谁也没见过铁人，但铁人精神一直是支撑这个队的灵魂。到现在为止，该队获得各类荣誉227个，目前已累计打井1408口，总进尺176.7万米，相当于大庆油田的1/3。

现在1205队已经采用了液、汽、电一体化的国产最先进的钻井设备，司钻坐在操作室里转动手柄操作钻井，安全系数和工作效率大大提高。

盛文革认为，在新时期继承和学习铁人精神应该增加新的内涵，那就是用铁人精神去掌握先进技术和科学的管理方法，提高经济效益。1996年，该队脱产3个月在大庆石油学院强化学习外语和专业知识。目前，该队有大中专毕业生9人，其余34人均是高中以上文化程度。1205队，仍是我国石油战

线一面永不褪色的红旗。

铁人永远活在人们的心中——每年都有成千上万的人来到位于第一口井旁的铁人纪念馆瞻仰铁人。

自1991年以来，先后有160万人次来过这里。在厚厚的留言簿上，我们看到了许许多多同我们一样激动难平的心。

原湖南省广播电视厅厅长王典是肇源县人，离休后的第一件事就是顶着瓢泼大雨来到铁人纪念馆。他说："是铁人鼓励了我一辈子。"

电影表演艺术家田华，还未走完三个展厅，手帕已被泪水湿透，走前认认真真地写下了"做人要做这样的人"。

石油大会战中工人的风貌

一位美国友人说:"铁人精神足以让人感动一辈子。"

来自塞拉里昂的客人写道:"向中国人民的伟大儿子致敬,他的精神不死!建设塞拉里昂也需要铁人精神!"

铁人纪念馆党支部书记刘仁说:"铁人不仅是工人阶级的先锋战士、共产党人的楷模,他更是一个顶天立地、光前裕后的民族英雄。为国家分忧解难、为民族争光争气,从这个意义上说,铁人精神就是我们的——中华魂!"

中华爱国人物故事
ZHONGHUA AIGUO RENWU GUSHI

为国争气的铁人王进喜
WEIGUO ZHENGQI DETIEREN WANG JINXI

总理肯定王进喜

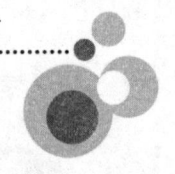

周总理对铁人的肯定

1963年,我国向全世界庄严宣告:中国石油基本自给。以铁人为首的创业者们奋战3年,高速度、高水平地拿下了我国的头号油田。至1966年,铁人指挥他的钻井队突破年进尺10万米大关,攀上了当时世界钻井史上的巅峰,再一次为中华民族争了光、争了气。

周总理第三次视察大庆不久,那场持续10年的灾难性的内乱开始了。在关键时刻敬爱的周总理同林彪一伙进行了针锋相对的斗争,旗帜鲜明而坚定地保护了大庆油田和大庆的广大干部。大庆在极其困难的条件下,仍然大幅度提高原油产量,对国民经济在大动乱中仍然得以维持起到了重要作用。周总理得知这一情况,忧心如焚。1967年1月,短短20几天在有关会议上,他针对林彪搞垮大庆的阴谋,七次刻意地强调:"大庆是伟大领袖毛主席亲手树立的典型，大庆出了问题，没法向毛主席交代。"特别令人难忘的是1967年1月8日，周总理在北京工人体育馆接见铁人王进喜和全国石油系统的群众代表时说："为什么有人硬要反对大庆？为什么他们硬要打倒铁人王进喜同志？这是为什么？是阴谋，是为了毁掉毛主席树立的这个典型。"

在当时斗争极其尖锐复杂的情况下，为了保护大庆油田，总理决定继鞍钢之后，对大庆实行军管。总理找相关同志商量如何起草大庆军管决定，决定起草后总理亲自做了修改，在决定的开头，总理加上了"大庆油田

拼劲十足的王进喜

是在伟大的毛泽东思想哺育下成长起来的我国工业战线上的典型",另一处总理加上了大庆军管会由石油部、沈阳军区共同领导。

1967年2月1日周总理在接见工交各部群众代表时又说:"大庆最近很乱,甚至还有人反对王铁人,我很着急,我一提起这件事就很激动,恨不得飞去看一看。"讲到这里,周总理扳着指头,一一阐述了大庆石油会战取得胜利的原因,他说:"大庆靠什么打了胜仗?首先,靠毛泽东思想、靠'两论'起家;其次,靠大庆广大职工

王进喜率领工人用人力安装钻机

艰苦卓绝的辛勤劳动；再其次，就是靠全国各方，可以说党政军民各方面的大力支持。单单有这三个条件，如果没有组织这次石油会战的领导人、没有这个会战的领导班子，等于说打了一个胜仗没有指挥员，行不行啊？不可能嘛！我曾三次到大庆，都受到深刻的教育和启发。那时候，没有任何厂矿像大庆一样取得那么伟大的成就。"

1967年3月，总理在谈到"大庆军管"这个决定时再一次强调，这个决定毛主席、中央常委都看过，开头第一句话关系到大庆的政治生命问题，这是总体。这个文件是很慎重的，我是不会掉以轻心的，这是按毛主席批示办的。

3月23日，周总理在大庆又讲道：大庆会战是党中央决定的。1960年苏联撤走了专家，对我们是个考验。大庆在那样困难的条件下，短短5年工夫石油年产量就由97万吨跳到去年的1060万吨，这是伟大的成绩。毛主席在井冈山时就讲自力更生，1962年我去大庆，那真称得起是"艰苦奋斗，自力更生"的典范。

敬爱的周总理保护大庆油田的举动震慑了"四人帮"一伙围剿破坏大庆的嚣张气焰，给处在困境中的大庆广大干部、职工以巨大鼓舞和支持。人们奔走相告传送总理的指示，从中获得了力量。不少基层干部白天挨批斗，晚上回去抓生产，很多老工人把行李搬到油井上，一连几个月黑夜白天连轴转，坚持采油。

"四人帮"把大庆的基本经验，统统攻击为"修正主义"的东西，把"三老四严""四个一样"、《生产工人岗位责任制》诬蔑为套在工人脖子上的"精神枷锁"，叫喊要"火烧一切制度，彻底解放工人"，造成了生产管理上的极度混乱。更为严重的是他们竟鼓吹"不搞科研照样出油"，把油田的科研单位、科研管理部门的大批地质、工程技术人员打成"反动权威""臭老九"，赶到基层单位或农场去种地、喂猪，整个油田的科研工作处于瘫痪状态。

到1970年大庆油田出现了压力下降、油层产量下降、原油含水上升，"两降一升"严重情况。致使大庆月月欠产，完不成国家原油生产任务，广大干部、职工忧心如焚。

1970年3月11日，周总理把铁人王进喜同志请到北京，听了铁人的汇报，沉重而关切地说，大庆的情况我已经了解了。3月18日，他在石油部军管会报送给国务院的《关于当前大庆油田主要情况的报告》上批示：要保护好大庆油田，要加速解放大庆的干部，特别强调大庆不要忘本。

人们心里都知道，简短的批示蕴涵着总理对大庆基本经验的肯定，对广大干部和油田生产的极大关怀与支持。大庆广大干部、技术人员和工人，按照总理的批示精神，根据"两降一升"的实际情况，从开发方案到技术管理等方面进行了大量艰苦的调整工作，迅速扭转了

中华爱国人物故事
ZHONGHUA AIGUO RENWU GUSHI

《王进喜》剧照

"两降一升"的严重局面，使油田恢复了正常生产。

1972年秋，我国能源十分紧张，不少地方煤、电告急，国民经济遭到严重破坏，总理毅然决定开发大庆喇嘛甸新油田。经受了残酷斗争考验的大庆干部、工人，大干20个月，到1974年底就把喇嘛甸新油田建设成年产800万吨生产规模的大油田。1974年大庆原油产量达到4100多万吨。1975年邓小平同志主持中央工作，抓了各方面的整顿，我国的政治、经济形势出现了希望和转机，大庆也恢复了活力。1975年8月，小平同志几次指出：要大力开采石油，尽可能多出口一些。油田上下经过几个月的论证，决定从1976年起实施"高产上五千（万吨），稳产十年"的方案。同年，大庆原油年产量上升到4626万吨。同年，大庆广大职工在悼念敬爱的周总理、毛主席的沉痛之中；在粉碎"四人帮"的欢乐之中，使原油产量上升到历史最高水平5030万吨，为缓解当时国民经济的严重困难出了力，告慰了生前一直关心、爱护大庆的周总理。

敬爱的周总理对大庆油田和石油工业的深切关怀和全力支持，将永远留在大庆人民的记忆中，成为鼓舞石油职工战胜困难、开拓前进的巨大动力。

大庆石油工业已经稳产了十年，现在大庆的广大职工正在为实现稳产再十年的目标而英勇奋斗。

温总理对铁人的关切

"我对铁人有感情，对1205钻井队有感情，对钻机也有感情。"温总理这样说。

2003年8月1日下午2时30分许，正在黑龙江省大庆市考察工作的时任中共中央政治局常委、国务院总理温家宝来到大庆石油管理局钻井二公司1205钻井队（温家

宝在大庆的考察行程中并没有到钻井队的安排）。当天中午，他向当地负责人提出一定要看看钻井队的工人们，为此，他缩短了午休时间，赶到地处大庆市南红岗区的1205钻井队工地。

"同志们辛苦了，我来看看大家。"在钻塔下，温家宝与工人们一一握手问好，"今天到1205钻井队，是我主动要求来的。"

温家宝紧紧握住钻井队队长李新民的手："你是1205钻井队第几任队长？"

"第18任。"李新民响亮地回答道。温家宝动情地高声说道："从铁人王进喜算起，1205钻井队队长已经是第18任了，今后，我们还是要把铁人精神一代代传下去，把爱国、创业、求实、奉献的大庆精神发扬光大，把艰苦奋斗的优良传统一代代保持下去。"

当听到1205钻井队建队50年来打井1550多口、进尺195万多米时，温总理赞许道："这相当于200多座珠穆朗玛峰的高度，真是了不起！"总理的比喻引起一阵阵

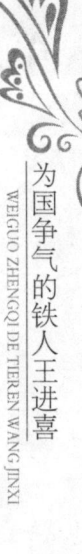

笑声和掌声。

温家宝戴上安全帽，健步走上操作平台，他望着旋转的钻机，深有感触地说："我年轻时也在钻井队干过，不过那是在地质钻井队，我特别爱看钻机，对钻机刹把子很熟悉，操作钻机刹把子可是既辛苦又危险的工作。"

钻井二公司党委书记梅祥华接过话头说："目前公司35个钻井队的钻工不再像铁人王进喜那样站在钻台上手握刹把，而是坐在冬暖夏凉的操作间里，操作气控手柄进行施工了，这样既减轻司钻的劳动强度，又增加了安全性。"

温家宝听后十分高兴："1205钻井队的人换了一茬又一茬，钻井设备的科技含量也不断提升，工人们工作条件大大改善，真是太好了。"

随后，温家宝走进设在平台一角的操作间，仔细观看司钻高洪伟操作气控手柄，并不时向他询问操作技术要领，气控手柄不断发出的充气声和钻机的隆隆

《王进喜》剧照

声在平台上交织响起。

队长李新民对温家宝说:"总理,今年是铁人王进喜80周年诞辰,也是我们1205钻井队建队50周年。"

温家宝高兴地说道:"今天真是个有意义的日子,我们大家一起来纪念铁人王进喜——合影留念。"说着,他便招呼工人们以钻塔和1205钻井队队旗为背景一起照相,钻井塔下,随即响起一阵热烈的掌声。

不畏险阻、艰苦奋斗,已成为一种情愫流淌在大庆人的血脉中。大庆油田开发建设者培育的"爱国、创业、求实、奉献"的大庆精神、铁人精神和"三老四严""四个一样"等优良传统,激励了我国一代又一代的产业工人,更让生于斯、长于斯的大庆人无法忘怀。

"宁肯少活二十年,拼命也要拿下大庆油田。"在大庆这片热土上,追寻大庆人走过的足迹,我们不断地被以铁人王进喜为代表的创业者们的英雄气概所感染。从"老会战"的回忆中、从新一代人的成长中、从千千万

王进喜憨笑着照相

万个瞻仰铁人者的留言中,我们强烈地感受到:铁人仍然活在人们心中!

　　大庆油田铁人王进喜纪念馆中,帧帧历史照片把我们带进油田开发初期的艰苦岁月:风餐露宿,"天当被、地当床"、人拉肩扛搬运钻机、破冰取水保证开钻、用身体搅拌泥浆制服井喷……从1971年建成陈列室开始,铁人纪念馆已累计接待观众500多万人次。尽管他们年龄不同,岗位各异,但对大庆精神、铁人精神的理解和崇敬却是如此的一致:大庆——中国的大喜大幸;铁人——民族的铁骨铁肩!

中华 爱国人物故事
ZHONGHUA AIGUO RENWU GUSHI

为国争气的铁人王进喜
WEIGUO ZHENGQI DETIEREN WANG JINXI

王进喜与大庆油田

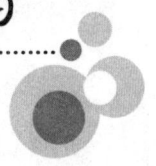

王进喜与石油

石油，相当于现代工业化社会的血液。在旧中国，外国人给中国扣上"贫油"的帽子，新中国成立后，虽然李四光等地质学家从理论上认定中国有较多的石油资源，但在物质条件极差的情况下要进行钻探和开采仍是难而又难。50年代前期美国石油年产量达3亿吨，中国的石油年产量不过100万吨。身为石油工人，王进喜等英雄的中国工人，正是在这种为国争气的背景下，投入了如同军事斗争一般的石油大会战。

在玉门油田的一段

时期，很多钻机因为没有钻头而停钻。当时还没有国产钻头，靠进口来不及，王进喜便组织青年突击队从废料堆里找到许多旧钻头，架起大锅煮去油污和泥沙，擦去锈，修修配配，拼装成可用的钻头，用了半年打了5口井，给国家节省了开支，又不耽误生产，经验在全油田推广。

王进喜刚到大庆时，脚下荒原一片，朔风呼啸、滴水成冰，吃的是苞米面炒面；住的是四壁漏风的马棚。没有公路，吊车、拖拉机不足，设备在火车上卸不下来，

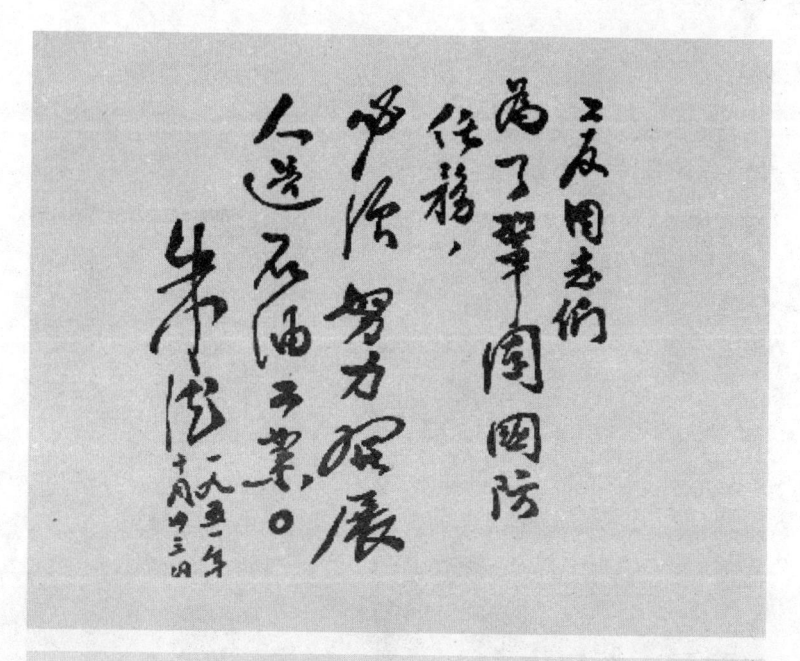

朱德总司令为石油工业题字

他带领全队30多个人用绳子拉、撬杠撬、木块垫，将60多吨重的钻机一寸一寸地运到井场；打井需要水，可当时没有水管线，没有水罐车，为了抢时间他决定用脸盆端。有人说这是"瞎胡闹"，没见过哪个国家端水打井，他说："有，就在中国。"他表示，就是尿尿也要让机器动起来，硬是用脸盆端来了几十吨水开了钻。他与工人们日夜奋战在井场上，饿了就啃几口冻窝头，困了就躺在钻杆上睡一觉，他率领的1205钻井队被誉为"硬骨头钻井队"。

工人们说，你就是把王铁人的骨头砸碎了，也找不出半个"我"字。"铁人精神"是什么？工人们总结得好：不怕苦、不怕死，不为钱、不为名，一心为国家，

王进喜和青年工人瓷塑像

一切为革命。

  1961年王进喜当了大队长，1965年又当了钻井指挥部副总指挥，却仍然以普通工人自居。他家人口比较多，身体也不好，党委决定每月补助些钱，他说什么也不要，实在推脱不掉的，在病危期间交了党费；他的胃不好，上级为了照顾他，送来一些猪肝和苹果，他马上就分给了工人病号；当了大队长之后，管理员要给他换一把新办公椅，他说有个板凳坐就不错了；给他发的新劳保鞋，他说什么也不要，自己打草鞋穿。

他当领导之后很少坐办公室，试验打直井的时候亲自扶刹把。钻头卡住了，他亲自去提钻，怕的是万一架子倒了，把工人砸伤。他在现场累了困了，就把老羊皮袄脱下来和工人们挤一挤，工人们说："我们身上有多少泥，咱铁人队长身上就有多少泥。"

王铁人的性格率直，他工作中也犯过错误，出过娄子，却勇于承认并加以改正。他的队曾经打废过一口井，每次队里来了新工人，他都要带着去看，吸取教训。有一次开大会，台上领导批评他们的射孔错误，王进喜去得晚了，门口有人叫他快趴下，他坦率地说："披红戴花的时候，你让我抢着往头里走，批评了，就叫我悄悄趴下当狗熊？我不当这个狗熊！"

王进喜帮工人推钻机

大庆油田

大庆油田是我国目前最大的油田，于1960年投入开发建设，由萨尔图、杏树岗、喇嘛甸、朝阳沟等48个规模不等的油气田组成，面积约6000平方公里。勘探范围主要包括东北和西北两大探区，共计14个盆地，登记探矿权面积23万平方公里。

大庆油田是20世纪60年代到现在中国最大的油区，位于松辽平原中央部分，滨洲铁路横贯油田中部。其中

王进喜纪念馆内蜡像

大庆油田为大型背斜构造油藏，自北而南有喇嘛甸、萨尔图、杏树岗等高点。油层深度900米～1200米，中等渗透率，原油为石蜡基，具有含蜡量高（20%～30%），凝固点高（25℃～30℃），黏度高（地面粘度35），含硫低（在0.1%以下）的特点，原油比重0.83～0.86。1959年，在高台子油田钻出第一口油井。1976年以来，年产原油一直在5000万吨以上，1983年产油5235万吨。大庆油区的发现和开发，证实了陆相地层能够生油并能形成大油田，从而丰富和发展了石油地质学理论，改变了中国石油工业落后的面貌，对中国工业发展产生了极大的影响。

油田自1960年投入开发建设，累计探明石油地质储量56.7亿吨，累计生产原油18.21亿吨，占同期全国陆上石油总产量的47%，探明天然气地质储量548.2亿立方米，上缴各种资金并承担原油价差1万多亿元，特别是原油5500万吨连续27年高产稳产，创造了世界油田开发史上的奇迹。

大庆油田有限责任公司是中国石油天然气股份有限公司的全资子公司，是以石油天然气勘探开发为主营业务的国有控股特大型企业。1999年底，大庆油田重组改制、分开分立。2000年1月1日，大庆油田有限责任公司正式注册成立，并随中国石油天然气股份有限公司在美国和香港上市。注册资本475亿元，现资产总额1089亿元，员工总数90427人。公司成立六年来，累计生产原油2.94亿吨，天然气130亿立方米，年均油气量保持在5000万吨以上，实现销售收入5840亿元，利税总额4795

亿元，连年荣登中国纳税百强企业榜首。

1959年9月26日16时许，在松嫩平原上一个叫大同的小镇附近，从一座名为"松基三井"的油井里喷射出的黑色油流改写了中国石油工业的历史：松辽盆地发现了世界级的特大砂岩油田！

当时正值国庆10周年之际，时任黑龙江省委书记的欧阳钦提议将大同改为大庆，将大庆油田作为一份特殊的厚礼献给成立10周年的新中国。

"大庆"，这个源于石油、取之国庆的名字，从此叫响全国，传扬世界。

大庆油田的诞生，使中国石油工业从此走进了历史的新纪元。1963年12月4日，新华社播发《第二届全国

大庆油田生态园

王进喜铜浮雕像

人民代表大会第四次会议新闻公报》，首次向世界宣告："我国需要的石油，过去大部分依靠进口，现在已经可以基本自给了。"中国石油工业彻底甩掉了"贫油"的帽子，中国人民使用"洋油"的时代一去不复返。

从1976年，大庆油田原油年产量首次突破5000万吨大关，进入世界特大型油田的行列。1978年，全国原油年总产量突破1亿吨，从此进入世界产油大国行列。值得一提的是，中国从此开始的改革开放，有了立足的"血液"保障。年产5000万吨的纪录，大庆人奇迹般地保持了27年。

中华爱国人物故事
ZHONGHUA AIGUO RENWU GUSHI

大庆油田宣传片效果图

大庆油田实现持续稳产高产的骄人业绩,有力地保证了中国石油工业"稳定东部,开发西部"战略目标的实施。与大庆的稳产相对应的,是国家建设的稳固;与大庆高产相对应的,是国家发展的高速度。

大庆开发近50年间,累计生产原油18.21亿吨(还在持续增长),相当于为全国人民每人生产原油近1.4吨,累计向国家上缴各种资金(包括承担原油差价)总计超过1万亿元。

以最近的资料来看,中国纳税500强揭晓,大庆油田有限责任公司以278.90亿元的纳税额第五次荣登榜首。

与此相关的报道,几乎都是这般寥寥数语,而大庆人早已习惯了默默地钻探、默默地采油，早已习惯了这样的无怨无悔。问题是，大庆人可以默默奉献，但默默奉献绝不等同于默默无闻。无论对于谁，对这一段不该遗忘不能遗忘的历史的"大面积"的淡忘，都是一件值得认真反思的事，就这一点探索下去，这其中一定涉及信仰、信念、价值观、方向感等等，这是不容小视的一个大课题。

二十世纪是石油世纪，二十世纪的战争中大多数人的血都是为石油流淌的，这些话早已不新鲜了。当历史进入了二十一世纪的近几年，世界各国即使是普通的人

大庆油田宣传片效果图

胜利油田采油厂

也已经真正地意识到了石油沉甸甸的分量。

　　为了帮助思考，不妨再引用两组数字：自1993年起，我国成为原油净进口国，进口量为930万吨，对外依存度仅为6%；12年以后的2004年，国内生产原油1.75亿吨，对外依存度达到45.7%。在这12年间，国内石油年产量增长不足250万吨，而石油消费年增长却在1000万吨以上。

　　根据有关研究部门预测，到2020年，我国石油需求将达4.5亿吨以上，国内可能产出1.8到2亿吨原油，预计缺口2.5到2.7亿吨。

　　尽管我国是资源大国，但人均拥有量大大低于世界平均水平。我国石油剩余可采储量24.3亿吨，居世界第11位，但人均只有1.89吨，相当于世界平均水平（25吨）的7.6%。

这些枯燥的数字意味着，早已被我们甩进了太平洋的"缺油大国"的帽子，我们不得不重新戴上。与国家的大发展同步，与国家的大目标一致，这就是大庆油田和大庆人在新世纪赋予铁人精神的新内涵。

大庆：精神的经典

"爱国、敬业、求实、奉献"，就是这个"精神能源"的全部成分，它先是溶进了大庆人红色的血液里，继而溶进了石油这个黑色的"工业血液"中，接着就源源不断地输入共和国强健的躯体——民族精神的意义，扎根

于人民群众的心灵中，并见诸人民群众的行动上。大庆精神——铁人精神意义尤为如此。

有人这样比喻：在共和国建设的天平上，大庆是举足轻重的砝码。在大庆开发建设史中截取三个时段就可以一目了然：

十年动乱期间，大庆人统一的"革命思想"是：这乱、那乱，唯有大庆不能乱；与其对应的"革命行动"是：始终坚持生产一天都不停，产量逐年递增并且几乎就是在动乱结束那一年，原油年产量跃上了5000万吨大关。

改革开放20年，也是大庆油田稳产高产的20年。大庆油田连续27年在5000万吨以上的稳产高产，无疑是世界油田开发史上的新纪录。高产稳产的大庆，中国石油工业的"半壁江山"和"中国精神能源"合成的强大驱动力，助推着中国特色的社会主义市场经济建设进入了一个新的历史阶段。

2003年，大庆油田提出了"创建百年

大庆油田开采地下原油

油田"的战略目标。围绕这个战略目标展开的第一项战略行动就是对原油产量进行了战略性调整，年产量首次下调到5000万吨以下。

经测算，如果在高含水后期继续维持大庆油田年产5000万吨以上，不仅地面设施将无法适应，还需要大量增加新的投入，原油操作成本也将大幅度增加，从而导致效益下滑，更重要和更严峻的局面则是：无法保持与国家的大发展同步，无法保证与国家的大目标一致。

对大庆来说，科学的发展观首先就体现在科学的大局观。减下去的是当前，加上去的是长远；减下去的是高成本产量，加上来的是低成本效益，这是大庆人所面

石油女工

临的一个重大课题。如何破解这个重大课题？大庆人早已胸有成竹地打一场"技术换资源"的大战役。

准确的表述该是，大庆人的技术换资源的行动与理论齐头并进，更有一支2万多名技术人员组成的庞大的队伍结伴而行，从而迅速创建了一个新的科技创新体系，从而迅速形成了"买不来、带不走、拆不开、偷不去、溜不掉"的企业核心竞争力。

这样给了我们一个启示：企业不仅仅满足于做大、做强，还要考虑"做久、做长"。

今天，当你在互联网上检索一下，当把中东、伊拉克、里海、马六甲、欧佩克、中海油收购优尼科、中石油收购斯拉夫、泰纳线等等这些关键词输入进去，显示在你眼前的一切可能就是一个国际能源安全严峻形势的新坐标。这时，不知你会不会这样想：拥有大庆，是中国人的一件实实在在的幸福的事；拥有大庆精神，是中国精神的经典！

大庆：钻探的深度与开发技术

其实，大庆真正的传奇恰恰就储存在我们外人几乎看不懂的一切"单调"和"单纯"中，然而，这一切的"单调"和"单纯"又都无一不体现着大庆人爱石油、懂石油、尊重石油的科学观。

现在的大庆

中华爱国人物故事
ZHONGHUA AIGUO RENWU GUSHI

在百年中国科学史上，让中华民族扬眉吐气的有两大事件：一是研制成功了"两弹一星"；一是发现了大庆油田。

据介绍，在《日本现代史》里，经常能看到"如果当初找到大庆油田将如何如何"的词句，他们为没能在战前找到大庆油田始终感到"遗憾"。原东京工业大学教授森川清在回忆"满洲的石油开发"时说："之所以没能找到大庆油田，是因为战前日本钻探的深度只达到大约700—800米，钻探技术难以达到足够的深度。"实际上，标志大庆油田发现的第一口油井——松基三井，恰恰是开钻到1357—1382米之间的油层才出油的，这在一定程度上印证了这种说法。

对此，最有启发性和权威性的还是我国地质大师黄汲清的说法，他和李四光两人是"陆相地层生油"理论的提出者，他还是大庆油田的主要发现者。他曾讲："日本人在东北找了30年没有找到油田，那是因为他们不懂得陆相地层可以生油。"对此，日本地质史学者也认为，从根本上说不是钻探设备不行，而是"探矿思想的问题"。

科学，发现了大庆；科学，同样迅速地发展了大庆。早在1964年，大庆就在全国率先提出了向科学进军的口号，这个口号，当时曾激励着各行各业的建设者。

据介绍，一口井打到底，在800—1200米之间，通常有100多个含油的砂岩层，最厚的达20米，最薄的仅

0.2米。大庆人的工作对象就在这千米之下的岩层中，那被他们形象地称为"地宫"的地方。在那里，整个石油开采系统是一个看不见、摸不着的"黑箱"，开采工作如同一项"隐蔽工程"。

如何保证油井准确打入有开采价值的油层？怎样确定不同性质的油层层性以采取相应的配套技术？在开采过程中，以怎样随时掌握油层的变化以改进完善工艺保持稳产？所有这一切，唯有通过可靠的数据，通过一系列反复试验才能找到答案，这便构成了大庆科学的求实精神的客观基础。

而更为重要的是，大庆人自觉地通过实践能动地认识油层，又通过实践能动地改造油层，在不断地探索地下奥秘的过程中，逐渐掌握了油田开采的客观规律，走出一条具有中国石油工业特色的发展道路。科学的力度在于求实，科学的力度也在于创新，而创新的过程，就是思想上解放的过程。

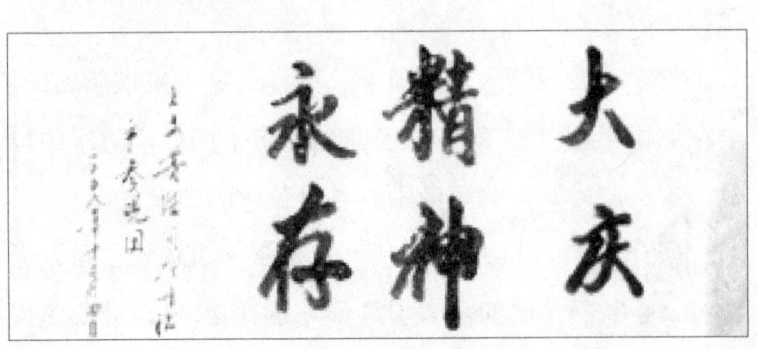

回顾大庆油田在实现高产稳产近30年的历史，三大"科学战役"标志着大庆人经历了三次大的思想解放。大庆油田进入开发后期高含水阶段后，油田综合含水已高达90%，储采结构严重失调，成本攀升和效益下降矛盾突出，油田开发难度超过了以往任何时期。对于油田二次创业的艰难，有人形象的比喻："油田综合含水达到90%，就好比人被水淹到了脖子，含水95%相当于淹到了嘴，含水达到98%就要遭受灭顶之灾！"

从历史上看，一般油田的开采高峰只能维持三五年，以后产量就会递减。但凭什么大庆油田的产量长期保持在5000万吨的水平线上？一项荣获国家科技进步特等奖的《高含水长期稳产注水开采技术》，硬是使大庆油田地质储量由原来的26亿吨增加到48亿吨，相当于又找到了一个大庆油田。

石油是不可再生的资源，进一步提高已开发油田的采收率非常重要。大庆油田自20世纪70年代就开始这方面的研究和实践，目前聚合物驱油技术已经在大庆等油田开始成功应用，大庆的科技工作者还在世界首创一种更大幅度提高原油采收率的方法泡沫复合驱油技术，仅大庆油田适用该技术的地质储量就达近20亿吨。专家认为，这是我国石油开采领域中为数不多的原始创新技术，这不仅是现今中国石油工业技术创新的亮点，对于世界石油开采也将是一场革命性的技术进步。

第三大战役就是对"表外储层"的攻关了，主持这

王进喜当时的家

个项目的首席科学家、"新时期铁人"王启民讲述得生动精彩:"大庆油田这种河湖三角洲的沉积,像一棵大树,有干、有枝、有叶,干、枝、叶都互相连通,如果说主力油层是杆,薄油层是枝,'表外储层'就是叶,它们都是空间上的延续,属于同一储油系统。"王启民认为,大庆油田树大、根深、叶茂,"表外储层"每口井都有,每个层都有。单独看,"表外储层"很瘦,但大庆油田面积有几千平方公里,所有这类油层加起来又很"肥"。

尽管开采这样的油层国内外都没有先例可循,但如同当年会战初期一样,大庆人这次依然是靠"两论"起家:实践——认识——再实践——再认识。几个寒暑过

后，"表外储层"开采这道世界性难题终于被破解。

这项成果具有什么样的价值呢？相当于为大庆增加了一个地质储量7.4亿吨的大油田，按2亿吨可采储量计算，价值高达2000多亿元，而国家要探明同等储量的石油资源，光勘探费就需投入100多亿元。不仅技术上取得突破，经济上创造巨大效益，更重要的在于还创造性地发展了石油地质理论。

1953年，地质学家李四光对中国地质的深入考察，经过3年的普查，发现了许多有利于证明松辽盆地蕴藏油气的证据。1960年初，中共中央批准石油部申请，调集数万职工和解放军转业官兵会师大庆，展开了"石油大会战"。因此大庆市的人口组成较黑龙江省其他地区较为丰富，除初期由各省市调入的职工及解放军专业官兵外，还有后来的无法返城的下乡知识青年被调入大庆油田。

这一切的高科技手段和办法，我们的铁人王进喜都不曾拥有、不曾掌握，因为条件不够、科技力量跟不上，他用一副身躯、一双手、一双脚，征服了大庆油田。

《王进喜》的剧照

鲜为人知的"工程师"王进喜

除了铁人,他还有一个"工人工程师"的称号,他们总结出的"三老四严"等制度成为当时全国工业系统学习的榜样。以王进喜为代表的新中国石油工人,由苦难的旧社会解放出来,在新社会里表现出强烈的主人翁意识。据大庆油田负责人宋振明说:"王进喜率领的1205钻井队在1953年到1959年7年间,共完成钻井进尺71000米,等于旧中国1907年到1949年42年钻井进尺的总和。"

从1960年6月1日大庆运出第一批原油,到3年之后大庆油田会战结束,中国石油结束了用"洋油"的时代,实现基本自给。毛主席非常高兴,于翌年发出"工业学大庆"的号召。尽管这是在探索中国工业化道路上的一种尝试,但是以王进喜为代表的大庆人的奋斗精神仍是永远值得学习的。

王进喜在技术上也肯于钻研，他曾带领伙伴用40年代的老钻机，克服技术上的困难，打出全油田第一口斜度不足半度的直井，创造了用旧设备打直井的先例。他与工友们发明了钻机整体搬家、钻头改进、快速钻井等多项技术革新，对改进钻井工艺技术做出突出贡献，被油田党委授予"工人工程师"的称号。王进喜等人的经验和做法有很多成了油田的规章制度，如"三老四严"（即当老实人、说老实话、做老实事，严格的要求、严密的组织、严肃的态度、严明的纪律）和"回访"制度等，还在全国工业系统推广。

1964年，王进喜被任命为钻井指挥部副指挥。1965年7月，在石油工业部第二次政工会上，王进喜应邀做了报告，他在发言中首次提出了要让我们"国家省省有油田，管线连成

认真钻研技术

网，全国每人每年平均半吨油"的奋斗目标。"文革"开始后，大庆油田生产受到严重干扰和破坏。1966年12月31日，王进喜毅然到北京向周总理汇报大庆油田生产的严峻形势。返回大庆后，他走遍油田，贯彻总理的指示精神，大声疾呼"大庆生产一天也不能停"。一些人罗列罪名，对他进行残酷迫害，他说："想让我承认大庆红旗是黑的，那是痴心妄想，刀架脖子我也不承认！"

1968年5月，大庆革命委员会成立，王进喜被推选为大庆革委会副主任。1969年2月，中共大庆党的核心小组成立，王进喜担任副组长。1969年4月，党的"九大"在北京召开，王进喜作为大庆的代表出席了这次大会，并当选中央委员，受到了毛主席的接见。为了把散落在草原上的物资器材回收回来，王进喜于1969年7月，集中30多人，成立了废旧物资回收队，带领工人们风里雨里，为国家回收散失的废旧物资，形成了今天仍被我们颂扬的"回收队精神"。

1970年春节前，王进喜受周总理委托，到江汉油田慰问，并做了大量的解放干部、稳定队伍的工作。1970年4月5日，全国石油工作会议在玉门召开。王进喜作为特邀代表参加大会。他在会上大声疾呼要恢复光荣传统，充满信心地提出"大庆产量要上四千万吨，全国产油一亿吨"等一系列远大的奋斗目标，引起与会者的强烈反响。玉门会议期间，王进喜胃病发作，后经解放军301医院检查确诊为胃癌晚期。病中的铁人心里想的仍然是油田生产建设和广大职工家属，得知油田生产不稳定，

王进喜同志带领1205钻井队打第一口井前的合影

他想还是因为主要干部解放不出来，叫警卫员方廷振代笔写信给大庆当权者，叫他们赶快解放宋振明；听说家属基地有臭虫，他托人买来敌敌畏，让来看望他的人带回大庆。

1970年10月1日，王进喜抱病参加国庆观礼，以中共中央委员身份检阅游行队伍。国庆节刚过，铁人的病情急剧恶化，临终前，他用颤抖的手取出一个小纸包，交给守候在床前的一位领导同志，打开纸包，里面是他住院以来组织给他的补助款和一张记账单，一笔一笔记得清清楚楚，一分也没动。王进喜说："这笔钱，请把它花到最需要的地方去，我不困难。"在场的人无不为之动容，流下了感动的泪水，弟弟王进邦一直守候在病榻边，王进喜手拿300元钱交给他，强忍剧痛，断断续续地说："看情况，我可能看不到咱妈了，妈这一辈子很苦，你就多替我尽孝道吧。"

1970年11月15日23时42分，王进喜同志因医治无效不幸病逝，享年47岁。18日，在北京八宝山革命烈士公墓举行了向王进喜同志告别仪式。党和国家领导人李先念等以及中组部、石油工业部、黑龙江省的领导，大庆油田、玉门油田的干部、群众来向铁人告别。王进喜的骨灰被安放在北京八宝山革命烈士公墓。新闻媒体纷纷报道了铁人王进喜逝世的消息和他的英雄事迹。1972年1月27日,《人民日报》在显著位置刊发了长篇通讯《中国工人阶级的先锋战士——铁人王进喜》,高度评价了王进喜伟大的一生。大庆油田做出了"向铁人王进喜同志学习的决定"——学习铁人精神、继承铁人遗志,大庆人决心把他未竟的事业进行到底!

王进喜与青年同志在一起

王振亚忆铁人虚心学习二三事

五十多年前的1959年3月18日，我（我指王振亚，下同）由苏州市0099部队转业到玉门石油管理局地质勘探公司。

3月21日早晨6时，我刚起床，部队带队领导来到我临时宿舍说："王振亚，你七时到地质勘探公司干部科报到。"我赶紧洗漱吃饭，七时来到公司干部科，由科长向我们介绍了玉门气候、工作、生活状况，接着由人事调配员张淑坤宣布我们到会七个人留在公司机关，分别分配到机关党总支、监委、团委、保卫科、经理办公室、行政管理科，把我分配在计划科，并且说，为了便于今后工作，今天下午1：30你们背着行李到钻井三大队1001钻井队参加生产劳动，熟悉生产过程三个月，把我和章龙银分在一班。班长庞兴隆向我们介绍了班队情况，特别介绍了1205钻井队长王进喜同志的英雄事迹。他说："王进喜家在赤金公社，新中国成立前他家很穷，吃不饱、穿不暖，新中国成立后，翻身做了主人，来矿当上了石油工人，这个人特能干，特能吃苦，常年不休息，常年不见他穿一次干净衣服，白天黑夜都在井上，井上没事，就在队上修工具、修钢丝绳、修钻头，搞技术革新。他是石油部的标兵，他领导的1205钻井队是石油工业部钢铁标杆队。"我听了很受感动，从内心崇敬这位英雄。第二天早晨，我随全班同志到大队调度室等车，我问同班李光华："哪个人是王进喜？"他告诉我说："那个中等身材，人长得很健壮，头戴铝盔，穿一身油棉工作

服的人，他就是王进喜。"我记住了王进喜，没过几天，即3月26日早晨七时，公司通知在职和下放干部到公司礼堂聆听中共玉门市委书记、中共玉门石油管理局委员会书记刘长亮作"领导干部工作方法的专题报告"。当我由礼堂南门进入礼堂，往北走到中间八排七号座位时，铁人王进喜同志早已坐在第九号座位上，与我并肩而坐。我瞅着他那诚实憨厚的面容，头戴满是油污的前进帽，身穿满是油污的棉工作服，我想这才是地地道道的劳动人民的本色呢！我穿一身干净的黄棉衣，与他很不相称，但我并不嫌弃他，觉得和石油工业部标兵并排相坐在一起听报告这是一种荣誉。听了一天报告他也没跟我们说一句话，专心致志地聆听刘书记讲怎样关心部属衣食住行，怎样做职工的思想工作和领导的说话艺术技巧，他牢牢记住刘书记的话，吸取领导艺术的养分，以便带好自己的职工队伍。

有一次，中共钻井三大队总支书记窦小群，大队长

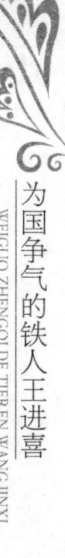

王嘉善召开大队机关干部和部分井队长、支部书记会议，铁人王进喜与我同坐在会议桌北侧一条长椅上，他认真地听讲，不时地往日记本上记录，如遇写不上的字，他不耻下问，态度非常诚恳地请教我，"赞扬"的"赞"字怎么写和"刻苦钻研"的"刻"字怎么写，使我深深地体会到铁人"学会一个字就像翻过一座山"的刻苦学习的深刻含义。

还有一次团总支召开各钻井队团支部书记会议之后，我听1205钻井队团支部书记杨继儒说："今天我们井队没事。"我问杨继儒："你们队长在家吗？"他答："在队部。"我为了掌握王进喜同志不为人知的生动故事，便于

中华爱国人物故事
ZHONGHUA AIGUO RENWU GUSHI

王进喜蜡像

写材料所用,于是我带着日记本和钢笔,来到了1205钻井队队部,可室内空无一人,在疑惑之余,我推开队部隔壁库房门,瞧见王进喜手里拿着钻头,两眼注视着钻头,聚精会神地思考着"窝轮带刮刀钻头"的技术革新课题,我为了采访他的事迹,不顾他的钻研思绪,对他说:"王队长,我来了解好人好事,能不能请你说说你自己在工作中的一些生动故事?"他不假思索地婉言谢绝:

"哎哎！你不要问我，我啥也没干，你去各班，了解工人中的好人好事吧！我告诉你各班司钻的名字，什么薛云胜、杨继儒、王作福、郑茂昌。"一口气说了四个司钻名字，支我到各班了解好人好事。

是不是铁人啥也没干呢？不是的，他比谁干的工作都多、他比谁都刻苦钻研技术、他比谁解决生产技术难题都多、他比谁都辛苦、他比谁的贡献都大，他为什么要说他啥也没干呢？他不愿表白自己谦虚罢了，这就是铁人做人的风格。

中华爱国人物故事
ZHONGHUA AIGUO RENWU GUSHI

铁人精神故乡传

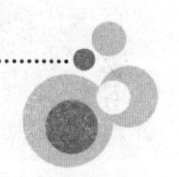

铁人——故乡传

"石油工人一声吼,地球也要抖三抖。石油工人干劲大,天大困难也不怕。"王进喜自力更生创业的铁人精神,是新中国社会主义建设初期的中国工人阶级骨气和志气的象征。

"为国分忧、为民族争气"的爱国主义精神;"宁肯少活20年,拼命也要拿下大庆油田"的忘我拼搏精神;"有条件要上,没有条件创造条件也要上"的艰苦奋斗精神;"干工作要经得起子孙万代检查""为革命练一身硬工夫、真本事"的科学求实精神;"甘愿为党和人民当一辈子老黄牛"的埋头苦干、甘于奉献精神,是铁人精神的基本内涵。

甘肃是铁人的故乡,这里有他成长的足迹,有他洒下的汗水。铁人王进喜虽然离开我们40多年了,但铁人

精神却与世长存、光照千秋,激励着甘肃人民踏着铁人的足迹奋勇前进。

为了弘扬铁人精神、传承铁人精神,1993年玉门市筹资在铁人出生地和平村修建了铁人王进喜故居纪念馆,并在玉门油城公园矗立了铁人铜像;2008年,玉门市又投资1231万元新建玉门"铁人王进喜纪念馆",开馆对外接待参观者。许多王进喜的父老乡亲及全国各地的游人陆续走进两个纪念馆,共同缅怀铁人的丰功伟绩。同时,还在赤金镇修建了"铁人主题广场"、建成了"铁人集贸市场"、兴建了"铁人希望学校",围绕铁人故乡这

一品牌，扩大知名度，推动经济建设和红色旅游基地兴起。

　　玉门新建的"铁人王进喜纪念馆"坐落在赤金镇甘店子高速公路服务区，和铁人主题广场遥相呼应。纪念馆外形呈仿古建筑，馆前小广场矗立着高3.7米的铁人铜像，周围陈设有抽油机、井架等钻井设备。该馆是一座以铁人王进喜事迹陈列为主的纪念馆，展厅共分苦难经历、创业玉门、会战大庆、心系家乡、精神永存5个部分，馆内共展出珍贵历史照片260余幅，珍贵文物100余件，并运用了大型浮雕、场景复原、多媒体等形式，再现了王进喜"爱国、创业、求实、奉献"的光辉一生，记录了中国石油工业发展初期的艰辛历程。

玉门"铁人王进喜纪念馆"开放后,吸引了全国众多慕名而来的参观者。一位中燃油公司的石油工人在留言册上写道:"最朴素、最简洁的语言,说出了中国石油工人的创业精神,永远指引后人向前、向前……"原玉门石油管理局局长、原中组部常务副部长赵宗鼐题词:"祖国昌盛兴隆日,斯民难忘王铁人!"原石油部副部长李敬题词:"铁人活在我们心眼里,我们活在铁人的事业中!"

铁人故乡新貌

玉门油田老君庙油矿是中国石油的发祥地,1939年8月11日,中国第一口油井在此出油。新中国成立前的10年间,玉门石油产量占当时全国总产量的90%以上,奠定了中国石油工业的基础。油矿底部密集分布的洞穴是石油工人最早居住的地方,许多工人的儿女都是在洞里出生。新中国成立后，玉门为陕北、大庆等新油田输送了以铁人王进喜为代表的20余万名技术人才和石油工人，玉门油田因此被誉为"中国石油工业的摇篮"。新中国成立以来，玉门已为国家上缴税收上百亿元。

1955年，为保障生产，玉门油田所在地被设立为玉门市，县政府也早已不在。到20世纪80年代，石油产业鼎盛时期，这座典型的石油资源型城市的总面积扩张到1.35万平方公里，人口一度达到13万余人。

经过多年开采，玉门石油产量逐年下滑，由1959年

铁人王进喜纪念馆内标语

最高的140.62万吨降至1998年的38万吨，目前产量也仅维持在70万吨。这个国内最早开发的油田，如今成了小规模及发展困难石油企业的聚集地。和所有资源型城市一样，资源枯竭的玉门面临着发展瓶颈，21世纪初，玉门市和玉门油田作出迁移决定，大片工厂倒闭，厂房住宅被夷为平地，因油而聚的人们开始迁走。

2001年，全玉门市66个居委会缩减成33个，2004年又缩减至12个。2009年统计表明，留守老市区的人口已不超过3万人。

2004年，玉门油田生活基地搬迁，市区只设生产作业区，生活区则迁至百公里外的新油田。这次动迁导致7000多名工人失业、2.5万名油田工人外迁。2006年，玉门市市政府搬迁至市区向西70多公里的玉门镇新区。自此，数千名职工开始了每周百公里的往返于生产、生活区之间的迁徙生活。至此，老城、新城和油田新基地将昔日的油城玉门一分为三。

目前，除石油工人，尚有部分居民聚居在北坪、三台两个安置区的廉租房里，大多是无力外迁的老人、残疾人、低保户和下岗工人，他们每月领取几十至上百元

的低保费，面对新市区1000元/平米的房子望而却步。截至2008年，包括新市区在内的玉门全市下岗失业者已达3.5万人，其中有1.4万人属于生活特困人群。与此同时，遗留在老城的道路、供暖、供水等基础设施也逐渐老化，大部分无法正常使用。

　　1998年以来，当年地方政府围绕油田而兴办的化工、轻工机械等工业企业大部分已破产倒闭，而糖酒、五金、饮食服装等行业也冷清萧条，原市属工商业体系全面崩溃。据统计，1996年全市有市属企业90家，2000年仅有8户勉强维持。

　　面对石油产业的衰败，风能资源蕴藏量丰富的玉门开始不遗余力发展风电。2009年一年，玉门的风电装机容量就超过了此前12年的总和，而风电企业的普遍微利经营，以及西北电网建设升级的严重滞后，也引发了"油城已逝，风城何在"的质疑。

祁连山脚下通往玉门市的公路也不如以前繁忙了。

目前，玉门已被列入全国44个资源枯竭型城市的名单，由中央财政给予资金支持城市进行财力性转移。玉门的废城之痛，映射出中国众多资源性城市的转型困局。

铁人——家人记

大庆铁人王进喜的事迹教育、鼓舞了几代人，大庆精神至今被人们广为颂扬和学习。

"没有共产党领导，就没有父亲的辉煌。"在大庆，王月平这名共和国英雄铁人的后代，谦逊得一个字都不肯谈父亲的功绩，却用他父亲的成长历程告诉我们这样的道理：是共产党的领导、是社会主义制度调动了广大劳动者的积极性。王进喜生于1923年，10岁就给有钱人家放牛，16岁到玉门老君庙洋子公司当小工，新中国成立后成为新中国第一代石油工人，在轰轰烈烈的社会主义建设中成为全国劳模。

王月平欣喜地说，1964年12月26日，应毛主席之邀，

2006年绘制的王进喜肖像

王进喜出席毛主席用自己的稿费置办的生日宴会；王进喜生前多次受到周总理的关心；1990年江泽民总书记到大庆视察，一下车就来到王月平家看望他母亲王兰英，并与王月平全家合影，还专门为他们题词："继承和发扬铁人精神，做铁人的好后代。"

王进喜的妻子叫王兰英，与他是同乡，原来也是玉门油田的工人，已于1993年去世。去世前她一直受到王进喜生前所在单位——大庆石油管理局钻井二公司领导和同志们的照顾。王兰英患有很严重的糖尿病，特别是去世前三四年，每年几乎都有半年时间需要住医院治疗，钻井二公司为她报销全部医药费，并且派专人在医院护理她。

王进喜有5个孩子，两儿三女。现在除老四王月玲

在山东烟台工作外,其余几个孩子全部在大庆油田工作。王进喜的大女儿已经退休,大女儿的孩子大学毕业后又回到油田,成为新一代的大庆人。

现任工会主席的王月平说,父亲1970年去世后,党和政府一直关心、惦念着他的家人。江泽民总书记和李鹏总理来大庆时都曾看望过他们;石油天然气总公司的领导和黑龙江省委领导每年春节都专程到大庆慰问他们。

王进喜生前十分孝敬老母亲,王月平回忆说:"即使在困难时期,父亲也要从每月不多的几十元工资中挤出钱来给奶奶买奶粉喝,奶奶是73岁去世的,比父亲晚去世一年。"

为纪念中国石油第一井,特立此碑,以示纪念。

铁人精神永不竭

40年，风雨沧桑；40年，改革变迁。王进喜虽然离我们而去了，但铁人精神却在铁人故乡代代相传，成为玉门人民投身建设家乡的精神支柱和不竭动力。

为纪念铁人，玉门市建起了新时期铁人事迹展览馆，修建了以铁人命名的"铁人路""铁人桥""铁人广场""铁人公园""铁人影剧院""铁人希望小学"等……

多年来还持续不断开展"忆铁人、学铁人、做铁人"活动，举办唱铁人歌曲、讲铁人故事、观铁人影视、编辑铁人轶事等系列活动，涌现出了一批批"铁人式党员""铁人式干部职工""铁人式班组""铁人

式支部"……全国劳动模范、党的十六大代表顾天祥30多个春秋如一日带领群众播绿植树，使昔日黄沙肆虐的戈壁滩变成了瓜果飘香的绿洲。此外，还涌现出了"把心掏给农村孩子"的全国优秀教师杨永环、"风电建设的领头雁"杨旭华、"铁人村的好支书"李寿春、"社区居民的贴心人"吴兰芳等一批批"新铁人"。

曾几何时，为建设新中国第一个石油工业基地，天南海北的石油建设者们会师玉门，标杆立祁连；时至今日，为建设全国首个千万千瓦级风电基地，五湖四海的风电建设者们纷至沓来，风车林立戈壁滩头。

铁人王进喜纪念馆正门

夏天，风电建设者们耐着30多度的高温酷暑，在戈壁滩上头顶烈日、挥汗如雨、风餐露宿，"宁脱一层皮，不误一天工"；冬天，为抢进度、保质量，风电建设者们在零下30多度的严寒中，顶风雪、冒严寒，用温水搅拌混凝土，给搅拌车穿上棉衣，在坑基上搭起帐篷生起火炉，不分昼夜地奋战在戈壁滩上，"有条件要上，没有条件创造条件也要上"，用实际行动诠释了新时期的铁人精神。在短短两年时间内，玉门风电高歌猛进，装机容量新增130万千瓦，每年投资连续超过100亿元，成为玉门市发展最快、潜力最大、最具活力的经济增长点。

伫立在玉门石油公园的铁人王进喜雕像

铁人精神曾使千千万万的中国工人受到鼓舞和激励。如今，铁人故乡人将铁人的自豪感与凝聚力再一次推向了一个新的制高点：玉门，在新中国第一个石油工业基地上正在实施"二次创业"，着力打造"百年油田"；玉门，一座现代化城市在昔日"风吹石头跑，碱滩不长草"

的戈壁滩上拔地而起；玉门，凭借新能源绿色浪潮振翅腾飞、追风逐日，全国首个千万千瓦级风电基地在这里奠基启动……大规模的项目建设拉动经济快速增长。玉门已培育形成了石油化工、电力新能源、矿冶建材、装备制造、特色农产品加工等支柱产业，迈上了调整结构、体制增量、低碳节能、循环发展的新路子。玉门现已跻身"西部百强县市""中国最具投资吸引力城市"和"2009中国新能源产业百强县"第二位，玉门在推进资源型城市可持续发展的进程中焕发出了前所未有的生机和活力，处处渗透着铁人精神的强音！玉门今日的发展，

铁人王进喜故居纪念馆

足以让长眠于地下的铁人安息。

王进喜在病重和弥留之际，心里想的还是大庆油田，想着如何发展我国的石油工业！这也正是铁人作为平凡的石油工人体现出来的伟大、无私与奉献精神。

王进喜个人荣誉

铁人王进喜是大庆人的杰出代表、中国石油工人的光辉典范、中国工人阶级的先锋战士、中国共产党人的优秀楷模、中华民族的英雄。他为祖国石油工业的发展和社会主义建设立下了不朽的功勋，在创造了巨大物质财富的同时，还给我们留下了宝贵的精神财富——铁人精神。铁人精神是"爱国、创业、求实、奉献"

大庆精神的典型化体现和人格化浓缩，是中华民族精神的重要组成部分，得到历届中央领导的充分肯定，深受社会各界的广泛认可和高度评价。建国40周年之际，他与雷锋、焦裕禄、史来贺、钱学森一起被中共中央组织部命名为"新中国成立以来在群众中享有崇高威望的共产党员优秀代表"。世纪之交，他同孙中山、鲁迅、雷锋、焦裕禄、李四光、毛泽东、邓稼先、邓小平、袁隆平一起被评为"百年中国十大人物"，写入中华民族的光辉史册。

玉门石油桥

王进喜大事年表

1923年10月8日,王进喜出生于甘肃省玉门县赤金堡,乳名"十斤娃"。

1950年春,玉门矿招工,王进喜通过考试成为新中国第一代钻井工人。

1956年4月29日,王进喜加入中国共产党。6月任贝乌五队(1205队前身)队长。11月,在玉门油田试验钻机"整拖搬家"成功。

1958年9月,王进喜带领全队月钻井进尺5009.3米,创当时全国最高纪录。10月,荣获石油工业部颁发的"钻井卫星"红旗。

1959年10月1日,王进喜参加建国十周年国庆观礼,第一次见到毛主席。10月26日至11月8日，在北京参加全国工交"群英会"。

1960年3月15日，王进喜带领1205队（贝乌五队）从玉门出发，赴大庆参加石油大会战。3月25日，到达大庆萨尔图火车站。4月2日，"人拉肩扛"安装钻机。4月9日到11日，大庆油田首次技术座谈会号召向铁人王进喜学习。4月14日，组织全队破冰取水，萨55井开钻，19日完钻，用时5天零4小时，创造了新纪录。4月29日，王进喜参加"五一"万人誓师大会，喊出"宁肯少活二十年，拼命也要拿下大庆油田"的口号。7月1日，

抽油机电机驱动系统在大庆油田推广使用

王进喜参加国庆观礼

在油田万人大会上,被树立为"五面红旗"之一。10月,被任命为钻井指挥部装建大队大队长。

1961年2月,王进喜调任钻井指挥部生产二大队大队长,在解放村建起大庆第一所小学。

1965年4月,王进喜被中共大庆会战工委任命为钻井党委常委、钻井指挥部副指挥。7月24日,参加石油部政工会,首次提出"全国每人每年半吨油"的奋斗目标。

1966年2月16日,王进喜参加全国工交工作会议和

工交政工会议。同月，被国务院任命为大庆石油会战指挥部副指挥。4月6日，被石油工业部授予"石油工业部五好标兵"。9月3日，带领石油工业部报捷团赴京，向党中央、国务院报捷。10月1日，登上天安门城楼，参加国庆观礼。12月30日，去北京反映"文革"中大庆的情况。

1967年1月4日，王进喜在北京向周总理当面汇报大庆油田形势。1月10日，回到大庆，积极传达周总理指示精神，呼吁要坚持抓革命、促生产。3月初，受到批斗。3月下旬，周总理在北京宣布王进喜在大会战中立了大功，不准再批斗。

1968年4月27日，王进喜被推选为钻井革委会副主任。5月31日，被推选为大庆革委会副主任。

1969年2月，王进喜担任大庆党的核心小组副组长。4月，参加党的"九大"，被推选为主席团成员，并被选为中央委员。

1970年3月18日，王进喜在北京向周总理汇报了大庆情况和油田生产存在的问题，周总理批示大庆要"恢复'两论'起家基本功"。4月，到玉门参加全国石油工作会议。4月19日，在解放军301医院被确诊为胃癌晚期。10月1日，以中共中央委员身份登上天安门城楼参加国庆检阅。11月15日，在北京逝世，享年47岁。11月18日上午，大庆油田举行隆重追悼大会。11月18日下午，在北京八宝山公墓举行向王进喜同志遗体告别仪式。

中华爱国人物故事
ZHONGHUA AIGUO RENWU GUSHI